Lb 2679.

AUX MANES

DE

NOS FRÈRES

Morts pour la Défense des Lois;

PAR

UN COMBATTANT DE JUILLET.

7e ANNIVERSAIRE DE LA RÉVOLUTION DE JUILLET 1830.

> Soldat du drapeau tricolore,
> D'Orléans, toi qui l'as porté;
> Ton sang se mêlerait encore
> A celui qu'il nous a coûé...

PARIS

CHEZ TOUS LES MARCHANDS DE NOUVEAUTÉS.

—

28 JUILLET 1837.

PARIS. — IMPRIMERIE DE HENRI DUPUY,
11, RUE DE LA MONNAIE.

AUX MANES

DE

NOS FRÈRES.

***

MARTYRS DE LA VICTOIRE,

C'est avec une joie bien vive que nous saluons le septième anniversaire de cette grande Révolution, due à vos efforts généreux; car avec cette année une ère nouvelle a commencé pour la France, ère de réconciliation, de paix, de gloire et de prospérité.

A la voix clémente du Roi des Français, tous les

cœurs se sont épanouis, les prisons se sont ouvertes et le brandon de la discorde s'est éteint à jamais.

Honneur au souverain dont la main est puissante et la pensée magnanime.

Des misérables avaient attenté à sa vie; l'un d'eux avait fait couler le sang de ses fils (1) et en expiation de ce crime, le glaive de la loi s'était levé pour frapper le coupable.... Mais Louis-Philippe Ier a horreur du sang; il sait que le droit de grâce, dont il est investi, est le plus beau fleuron de la couronne que nous avons posée sur sa tête, et il pardonne à l'assassin; il pardonne à tous les hommes égarés qui ont déployé l'étendard de la révolte contre son gouvernement paternel et libéral; il leur pardonne, il sent qu'ils sont tous enfans de la France,

---

(1) La balle de Meunier ayant brisé un châssis de la voiture du Roi, les éclats atteignirent les ducs d'Orléans et de Nemours

de cette France qu'il aime, de cette France dont il est la gloire et l'appui.

Oui, sa main est puissante, elle a vaincu l'anarchie et contenu le torrent révolutionnaire qui nous menaçait de nouveaux bouleversemens.

Et cette merveille de Versailles, où le passé se rattache au présent, où toutes les illustrations ont trouvé place, où toutes les gloires sont réunies et reconnues !

Et cette statue de Napoléon qu'il a relevée aux acclamations du peuple français; et ce drapeau aux nobles couleurs qu'il remit aux fils de nos vieux braves en leur rappelant cette strophe de notre hymne national (1)!

Et ces immenses travaux qui viennent embellir

------

(1) En donnant un drapeau aux élèves de l'École militaire

encore la capitale du monde civilisé et qui ont procuré l'aisance et la joie à tous les travailleurs, classe si nombreuse et si digne d'intérêt!

Oh! oui, elle est puissante la main du Roi que nous avons choisi; elle a tari bien des larmes, elle a cicatrisé des plaies bien cuisantes, elle a réparé bien des malheurs et ouvert bien des voies de prospérité.

Si nous considérons sa noble et belle famille, que de gages de bonheur et de gloire nous offrent ces enfans élevés avec nos enfans, et qui leur donnent tant d'exemples de vertus! C'est dans l'étude et le travail que se passe la jeunesse de ces princes, l'es-

---

de Saint-Cyr en juin dernier, Sa Majesté leur redit ce passage de *la Marseillaise :*

« Nous entrerons dans la carrière,
» Quand nos aînés n'y seront plus ;
» Nous y trouverons leur poussière,
» Et la trace de leurs vertus. »

poir de nos neveux. Tous nos vieux généraux ne rendent-ils pas de justes hommages aux talens militaires du Prince royal et du duc de Nemours? Ces deux braves enfans n'ont-ils pas recherché, saisi avec avidité toutes les occasions de montrer leur valeur? Ont-ils déserté le poste périlleux que l'honneur leur assignait? Non! A la tête de nos soldats, ils ont courageusement présenté leur poitrine à la mitraille ennemie.

Le prince de Joinville ne s'efforce-t-il pas de marcher sur les traces des héros qui tiennent le premier rang dans nos fastes maritimes?

Et ces jeunes et nobles princesses n'imitent-elles pas leur auguste mère et leur tante bien-aimée? Qui pourrait dire les larmes qu'elles ont séchées, les familles dont elles ont sauvé l'honneur, les malheureux qui leur doivent la vie!

Et comme si cette admirable famille ne présentait

as aux Français assez de sécurité et d'espérance ;
une heureuse alliance vient de l'augmenter encore.
Une princesse brillante de jeunesse et de beauté,
ne princesse, dont l'ame sympathise avec tous les
entimens généreux, vient d'unir ses destinées aux
ôtres. « J'étais Française de cœur avant de
onnaître la France, dit HÉLÈNE en mettant le pied
ur notre territoire ; enfant encore, j'aimais les
'rançais ; depuis la Révolution de Juillet, je les
me et je les admire ! »

Nobles sentimens, noblement exprimés !

Ombres de nos frères, n'avez-vous pas ressenti
n doux frémissement de joie, lorsque ces paroles
nt été prononcées. Oui, vous êtes Française, vous
ui aimez la France et qui vous êtes confiée à nous.
Déjà nous vous aimons comme enfant de la patrie ;
ous vous respectons, vous qui êtes destinée à lui
onner des rois ; car une dynastie établie par le
euple ne doit pas périr ; elle règne pour notre bon-

heur, et grâce à vous, noble Princesse, elle règnera pour celui de nos enfans! Oui, Madame, vos fils seront nos rois; ainsi le veut la Charte que nous avons jurée, et pour le maintien de laquelle nous serons toujours prêts à verser notre sang. Mais grâce à la sollicitude du Roi, grâce aux soins qu'il prend de calmer les maux que nous avons longtemps soufferts, la guerre est loin de nous. Il a su par son attitude ferme et conciliante nous faire respecter de l'étranger sans recourir aux armes. Si par elles Napoléon s'est placé si haut; s'il a mérité le surnom de grand, c'est par la paix que Louis-Philippe Ier veut acquérir un titre pareil; l'histoire placera sur la même ligne ces deux génies de notre siècle, et le Napoléon de la paix ne sera pas celui à qui la postérité devra le moins de reconnaissance.

Mânes de nos frères, ce sage que nous avons couronné ne vous a pas oubliées; il a doté vos filles; il a adopté vos fils; sur le champ de bataille même où vous êtes glorieusement tombés, il a voulu que

chaque année des honneurs fussent rendus à vos dé-
pouilles vénérables ; et bientôt elles reposeront dans
des tombeaux dignes d'elles.

Généreux enfans de la patrie, vous qui l'avez
sauvée au prix de votre sang, vous avez approuvé,
nous en sommes certains, le choix que nous avons
fait ; vous approuvez aussi les actions de grâces que
nous rendons, en face de vous, au Roi des Français, qui a rétabli le règne des lois. Héroïques dé-
fenseurs de nos droits, comme nous vous combat-
triez l'anarchie ; comme nous vous voudriez une
liberté sage et appuyée sur un pouvoir assez fort
pour réprimer tous les écarts qui tendent à la dé-
truire ; comme nous, vous voudriez le respect des
propriétés, l'obéissance aux institutions nationales ;
comme nous, vous chéririez le Prince qui nous gou-
verne et qui s'est dévoué pour notre salut.

Oui, il s'est dévoué en acceptant le fardeau pe-
sant de la couronne, quand il pouvait couler au

sein d'une famille chérie une vie si douce et si bien remplie. Ne goûtait-il pas toutes les jouissances qu'un mortel peut envier? sa fortune privée n'était-elle pas supérieure à celle que lui a faite la liste civile?

Certes, le Roi de juillet nous a sauvés; après la victoire, il faut l'avouer, seraient venus le désordre, la guerre civile et la guerre étrangère : l'Europe pouvait vomir sur notre territoire douze cent mille soldats, auxquels nous n'aurions pu opposer que le courage d'une armée, dévouée sans doute, mais alors faible et désorganisée. La guerre que voulaient des hommes imprudens eût été le tombeau de nos libertés, et eût infailliblement entraîné la perte de notre belle patrie.

Ce sont là de grandes vérités qu'il ne faut pas craindre de proclamer; car si la flatterie avilit, la vérité élève l'ame.

Nous ne sommes pas de ceux qui disent : *Vive le Roi quand même !* mais vive le Roi dont la sagesse et les précieuses lumières contribuent à faire de la nation française la première nation du monde! Vive le Roi qui ne veut pas commander à des sujets, mais gouverner et conduire des enfans qu'il aime et dont il veut le bonheur parfait.

Et nous tous Francais, faisons des vœux pour que la vie si chère de notre Roi citoyen dure encore de longues années, pour que par lui nos institutions s'affermissent, que nos lois se perfectionnent, et que notre prospérité s'achève. Car telle est la mission qu'il a acceptée, la tâche qu'il s'est imposée, et à l'accomplissement de laquelle il ne cessera jamais de travailler.

C'est à Louis-Philippe Ier, notre élu, que nous devons la multiplication des écoles primaires ; l'encouragement donné chaque jour aux arts, aux sciences et à l'industrie : aussi voyons-nous des professeurs, des médecins, des chimistes s'asseoir parmi les pairs de France ; des poëtes, des artistes, des manufacturiers siéger dans notre chambre législative. Il n'y a donc plus dans notre beau pays d'autre aristocratie que celle du mérite.

Oui, c'est bien maintenant que chacun est le fils de ses œuvres, que d'une giberne peut sortir le bâton de maréchal ; comme on voit d'un laboratoire sortir des manteaux de pairs.

Et qu'avons-nous d'ailleurs à envier aux autres peuples de la terre, alors que nous marchons à pas de géant vers la perfection ? Abjurons donc pour toujours de misérables querelles ; ne songeons désormais qu'à avancer dans la voie des progrès qui nous est ouverte ; ayons sans cesse présent à la pensée le riche avenir qui nous est promis ; savans, méditez ; artistes, étudiez ; industriels et artisans, travaillez ; et tous vous deviendrez à la fois meilleurs et plus heureux.

Français serrons-nous autour du trône que nous avons élevé; la volonté et la sagesse du prince qui y est assis ont opéré des merveilles qui doivent s'augmenter encore!... Soyons les appuis de ce Prince populaire qui nous a rendus forts et libres, et en célébrant cet anniversaire de deuil et de triomphe, levons-nous comme un seul homme, non pour combattre, mais pour chanter les louanges dues à nos frères martyrs, et au grand Roi qui nous fait profiter de la victoire qu'ils ont, il y a sept ans, remportée sur le despotisme.

FIN.